L'ESCLAVE
ESPAGNOL.

ÉPISODE HISTORIQUE.

L'ESCLAVE

ESPAGNOL.

ÉPISODE

HISTORIQUE.

Par A. H.

PARIS.

CHEZ BARBA, LIBRAIRE, GALERIE DE CHARTRES,
N°s 2 ET 3,
DERRIÈRE LE THÉATRE FRANÇAIS.

1836.

IMPRIMERIE DE L.-E. HERHAN, 380, RUE SAINT-DENIS.

L'ESCLAVE

ESPAGNOL.

Don Pelage naquit au commencement de l'an sept cent , fonda le royaume des Asturies en l'an sept cent dix-huit. Ce grand homme vit le jour en Espagne , dans les montagnes des Asturies, va , triomphera du Maure, de l'Arabe, les chassera entièrement de l'Espagne.

C'était dans la Galice , à Léons, dans les Asturies , que les habitans plus maltraités appelaient de tous leurs vœux un libérateur, pour disposer ces montagnards jamais vaincus ; il leur fallait un homme faisant mouvoir en eux l'amour du christianisme , l'amour de leur patrie , l'amour de la liberté, de leur indépendance. Il parut cet homme , quel enthousiasme il imprima dans tous les cœurs ! Ces Cantabres devinrent des héros,

tous mâles, rien qu'en le voyant. Don Pelage fut élu Roi des Asturies par eux.

Alhaur, peu alarmé de ce mouvement,
avait passé les Pyrénées, était entré dans
les Gaules. Les Espagnols profitèrent de ce
moment de son départ, pour se révolter
contre Alhaur, envoya Alxaman, son général, de ce pays en Espagne, surtout
écoutez : Les Musulmans furent vaincus
pour la première fois. Don Pelage lança les
quartiers sur ses ennemis, tua de sa main le
chef Alxaman, dispersa, immola toute la
troupe ; un seul ne put pas en porter la
nouvelle à Alhaur. Don Pelage, enhardi par
ses succès si récens, rétablit chez ces montagnards l'ordre, la discipline, les deux
forces de ses armes, de ses armées ; il aug-
menta ses soldats, en qui sa victoire aug-
mentait le courage, le patriotisme. Des villes
entières de l'Espagne chassèrent les garni-
sons maures et arabes, et reçurent don
Pelage avec beaucoup de plaisir dans leurs
murs. Le calife Yezid changea de gouver-
neur, nomma en Espagne pour successeur
Alsama ben Melic el Chulain.

Il se réveille le héros des Asturies, ce

jeune, généreux lion, don Pelage, qui régnait à Oviedo, sa capitale, ville située en Espagne. Don Pelage, tirant de lui tout seul ses ressources, intrépide, actif, constant dans la bonne et la mauvaise fortune, se montra toujours digne des succès qu'il obtint ; ce fut un noble rival du Cid, don Rodrigue, l'amant de l'espagnole Chimène. Don Pelage suivi d'une poignée de braves, harcelé de roc en roc par les Maures, les Arabes, évitant leurs atteintes, se fit dans un antre sauvage une retraite inaccessible, où il brava leur puissance ; il étendit sa domination régénératrice près de lui, sut saisir tous les avantages : il laissera une monarchie oubliée en son berceau, régira les deux mondes dans quelques siècles. Don Pelage devint éperdûment amoureux, à en perdre tête, raison, de dona Isabella. Il lui fit la cour, l'épousa ; c'était la plus belle femme des Espagnes ; il en eut bientôt un fils nommé Favila et une fille.

L'an sept cent trente-sept, mourut don Pelage, ayant régné dix-neuf ans. Don Favila, son fils, lui succéda ; il fut tué par un ours à la chasse, régna deux ans. Don

Alphonse, troisième roi des Asturies, épousa la fille de don Pelage. Il porta glorieusement son sceptre. Oviedo était la capitale de don Pelage ; et le don Alphonse ajouta à ses conquêtes la Lusitanie, la Castille, la Biscaye, une partie de la Navarre et bien des villes.

Le roi Alphonse dit le Grand, le Catholique, employa ces momens de division en Espagne, perdus pour les Arabes et les Maures, à raffermir sa monarchie naissante. Il alla jusqu'au Duero, où il fit des forts pour sa défense. Il fortifia ses monts pour avoir un port assuré, en cas d'attaque subite de ses ennemis, où le nombre l'emporterait sur sa valeur. Alphonse mérita un plus beau nom ; car par sa patience ses successeurs monteront sur le trône de toutes les Espagnes.

Jusuf, l'émire d'Espagne, était occupé d'une nouvelle invasion en France, eut un tort ; il ne songea pas à couper l'arbre dans sa racine. Alphonse et ses Espagnols chassèrent leurs dominateurs. Alphonse vient de mourir, laissa la couronne à son fils Froïla. Ce roi des Asturies, trop faible, forcé de vaincre pour régner, ne pouvant pas soutenir une guerre étrangère, acheta la paix des Arabes et des Maures par un traité onéreux. Froïla, fils d'Alphonse premier, roi d'Aragon, garda fidèlement le traité fait avec Abderkaman, roi d'Espagne. Les Maures, les Arabes prirent un roi au lieu d'un émire, pour régner en Espagne. Cela valut mieux; il réunit tous les pouvoirs sur sa tête.

Froïla mourut avec l'aide de ses parens et du bon Dieu. Aurèle, son fils, déchira le traité, de ses monts défia les Musulmans. Abderkaman les vainquit, en mena à Cordoue. Aurèle obtint de lui le rétablissement du vieux pacte; ce n'était pas un Marc-Aurèle.

Aurèle vint à trépasser, laisse le trône à Silo, son fils, qui paie l'impôt, qu'il brigue lui et le pouvoir musulman. Il est vieux, Silo, il choisit Alphonse, fils de Froïla, pour roi des Asturies, prince capable. Un jour, un génie traverse les Pyrénées, entre en Espagne, va depuis les sources de l'Ebre jusqu'à son embouchure dans la mer avec ses légions; les portes s'ouvrent devant lui, vous reconnaissez mon héros, Charlemagne. L'Espagne lui ouvre une vaste carrière, un camp considérable pour les conquêtes, les victoires, où il court tel des fêtes ; il se dit : Et je marche, Charlemagne. Charlemagne, cet homme d'ame, de cœur, que j'aime de cœur et d'ame. Il conquit l'Aragon et la Catalogne, deux provinces de l'Espagne, retourna en France, où les Aquitains, les Navarrais l'attendaient à Roncevaux, où les dépouilles de l'Ebre furent prises ; son neveu, Roland le Furieux, y fut tué ; les Français de l'Adour, de la Garonne, tuèrent ceux de la Seine.

Charlemagne ayant quitté l'Espagne, Aderahman reprit Saragosse, et les autres places emportées dans son rapide passage. Le roi d'Espagne intervint aux affaires des Asturies. Silo est dans la tombe ; le peuple confirma le choix d'Alphonse ; Mauregat, fils d'une Maure et d'Alphonse le catholique, montra ses prétentions : l'oncle d'Alphonse reçut une armée du roi, lui applanissant le chemin du trône. Alhakem, petit-fils d'Abderkaman, régnait sur l'Espagne : la révolte éclata sur les frontières. C'est le roi des Asturies qui veut agrandir ses états, qui demande des auxiliaires à la France. Charlemagne lui envoie pour secours Louis son fils, roi d'Aquitaine, qui s'empare de Gironne, assiégea Barcelonne, se défendant bien. Un traître, connu par ses défections, Bahlul ben Makluc, conduit les Français à Tortose.

Les Asturiens essayèrent de prendre la Galice ; la cavalerie arabe et maure de Mérida les força de repasser leurs limites, leurs frontières. Les Français, reprenant leurs hostilités, entrèrent dans la Catalogne, où ils furent encore défaits. On y arma à Tarragone tous les vaisseaux qui s'y trouvaient ; ces vaisseaux descendirent sur les bords de la Sardaigne. La flotte chrétienne y fut défaite ; les Maures, les Arabes prirent huit de leurs navires, les menèrent à Taragone.

Les Français passèrent de rechef en Espagne, pour agrandir leur nouveau territoire et pousser plus loin que l'Ebre ; mais Abderhman, descendant du héros du même nom, rencontra les Français à Tortose, ravageant la contrée. Le roi d'Espague les força de se retirer dans Barcelone, que les Français défendirent ; ils furent terrorifiés

de la mort, les troupes du roi surtout les
assiégeant ; la ville fut sans défense ; les
habitans tremblèrent; il entra à Barcelonne,
répara les fortifications ; les suivit aux Pyrénées , entra à Cordoue ce roi.

Don Alphonse a besoin de repos ; il choisit don Ramire , son cousin , en huit cent
trente-cinq , qui s'agrandit des divisions des
Arabes ; ses successeurs enverront combat-
tre leurs soldats dans les rangs musulmans.
Des évêques versèrent du sang dans les combats, au lieu de prier Dieu près d'un autel.
Les Français firent une nouvelle irruption
en Espagne , y furent battus et chassés ;
d'un autre côté on se battait dans la pro-
vince de la Galice. Les bâtimens de l'Arabe,
du Maure , sortirent de Tarragone , débar-
quant à Marseille , port de mer de France ,
y détruisirent maisons , habitans ; les Na-
varrois s'en vengèrent , leur prirent Cala-
horra. Cinquante-quatre navires normands,
appelés Magiogos par les Musulmans , arri-
vés en Lusitanie , restèrent treize jours à
Lisbonne;les Walis rassemblant des troupes
contre eux , ils disparurent avec leur butin
dans les mers.

Ils reparurent près l'Algarbe, ensuite à Sidonia, l'an d'après remontant le Quadalquivir jusqu'à Séville, ils en ruinèrent les faubourgs. Les Scheiks du pays et la flotte d'Abderhman arrivèrent contre eux ; les Normands partirent.

Les Maures et les Arabes traversèrent les Pyrénées, et entrèrent en France, allèrent avec leurs armes, leurs armées, jusqu'à Tours, dans les Gaules, sous la conduite de leur général, un renégat, où ils furent rencontrés, tués tous par des Français. C'est qu'ils étaient commandés par le roi Charles Martel. Durant le combat on enferma, on tua le renégat et sa moitié dans la tour de Fabius, par ordre de ce tyran.

LES ZEBRIS

ET

LES ABENCERRAGES.

LA MUETTE DE PORTICI.

Sur l'Air : Il faut armer le peuple.

La lutte commence
A cette époque-là ;
I! faut du silence ;
Ils sortent, les voilà.
La tribu des vertueux Abencerrages
Se bat avec celle des féroces Zébris ;
Ont des cris sauvages
Ces vastes antrophages ,
Sont tous avilis.
Elle est en Espagne ,
Des liens la cour.
Elle tonne la campagne ,
Quand ils se jettent tour à tour,
Le Zébris est un vautour.
Il manie la lance ;
En la cour des lions
Chacun s'élance ,
Quelles chaudes irritations.

On agite sa pique ,
Avec le fort javelot
Leur beau corps pique.
L'Abencerrage n'est pas sot :
Le tumulte en tinte ,
Quand ils se servent du trait ,
Qui à mes oreilles retinte.
Quelles blessures cela leur fait.
Chaque lance est de frène ,
C'est d'un bois plus fort ,
Il résiste mieux dans l'arène.
L'armure est d'acier, donne la mort.
Chaque bonne blessure
Rougit le bouclier.
Elle est profonde, sûre ,
Le sang sort tout entier ;
Elle est pourpre la plaie ,
Qui fuit de toutes parts.
Chacun du livre de vie je raie ,
En regretta ses parts ;
Elle augmente la masse ;
De cet endroit sanglant ,
Plus d'une arme s'y casse.
Chaque membre est saignant.
Il diminue le nombre
Des Abencerrages vertueux ,
Vont tous au séjour sombre ,
Tués par les Zébris hideux.

Tu meurs, arbre précoce.
Il resta toujours ton sang.
Leurs fiancées se paraient pour la noce.
L'Abencerrage est de haut rang.

———

Ferdinand, roi d'Aragon, venait de se marier avec Isabelle, reine des deux Castilles, ayant pour sa capitale Madrid, situé sur les bords de la rivière du Mancanarès. Ce mariage réunit l'Aragon, la vieille et la nouvelle Castille, affermit leur mutuelle puissance. Les Espagnols s'emparèrent des villes différentes de Marbella, de Ronda, situées à l'occident de Malaga, d'Antequera, d'Alhama, de Loxa, placées au nord, de Veles enfin à l'orient. Ferdinand mit le siége devant Malaga, que sa position rendait difficile à attaquer, par conséquent extrêmement pénible à prendre. Ce siége durait des mois entiers ; la ville était défendue par une horde d'Africains, de Maures, d'Arabes. Ferdinand s'empara de Malaga, après un courage égal des deux côtés. Abu Ab-

dala., avilissant sa couronne usée, compli-
menta Ferdinand.

Ferdinand, roi de Castille, posséda les
villes d'Almerie et Anadix par un traité avan-
tageux, qui fut conclu dans le camp d'Almerie entre Ferdinand, Isabelle et quelques
princes maures, et Cid Yahie, le chef le
plus distingué. Ferdínand, roi de Castille,
prit, s'empara de Cordoue, vint mettre le
siége, voulut prendre d'assaut la ville de
Grenade, la cerna, la bloqua ; son inten-
tion était de la réduire par la famine, la
faim., la soif.

Ferdinand avait défendu aux chrétiens
de se battre ; les Musulmans venaient dans
leur camp, où mouraient des victimes,
prévenant ce péril. Le roi y fit des forts,
des murailles, des créneaux. Muza, général musulman, voulut s'emparer des retran-
chemens chrétiens. Les Espagnols prouvent
qu'ils ne sont pas des lâches, sortant se
battirent; même prodige de valeur. Ils sont
en présence les courageux Muza, ce vail-
lant Arabe, don Rodrigue dit le Cid ; Gon-
salve de Cordoue, ce grand capitaine, ren-
versé de cheval, ne dut sa liberté qu'à son

courage ; la cavalerie de Grenade morte , ses canons encloués forcèrent Muza de fermer les portes de la cité de Grenade ; les Grenadins sont renfermés dans leurs murs ; Ferdinand arrêta les convois des montagnes. Dona Isabelle vint camper près de son époux , battit Santafé. Le camp s'étant brûlé , Abu Abdala , voyant Grenade , envoya Abul Casem près de Ferdinand , qui lui accorda , avec des conditions avantageuses , queGrenade serait livré dans deux mois. Muza , à cette nouvelle , parla aux Grenadins ; on ne l'écouta pas. Il cassa son épée , sort de Grenade , monte à cheval , se jette d'un des ponts de la capitale. Les prêtres espagnols inventèrent l'inquisition à Séville en 1480. L'an d'après , sept juifs furent brûlés vifs sur le premier autodafé.

Le roi de Grenade écrit au roi de Castille qu'il lui cède Grenade ; quoiqu'il y eût un mois de passé , Ferdinand joyeux entra dans Grenade le matin. Le roi de Grenade alla à cheval au-devant du roi de Castille ; il voulut en descendre à son arrivée , il s'y refusa : ils se donnèrent une poignée de main , s'embrassèrent tous les deux. Le roi de Grenade gagna les Alpuxarves ; Ferdinand y prit l'Alhambra , l'Alcazaba , l'Albayein ; l'étendard de Castille flotta au lieu de celui de Mahomet. Le roi de Grenade découvre sa capitale du haut d'un mont , il pleura ; sa femme lui dit : Pleure telle la femme , puisque tu n'agis pas en homme. Il se rendit à Tez en Afrique , mit le roi de Tez , son parent , sur le trône , y mourut.

Les Juifs furent chassés de l'Espagne , ainsi que les Maures et les Arabes , sous la condition d'être baptisés dans trois mois , ou d'en sortir en y laissant leurs biens. Ferdinand et Isabelle périrent ; Charles-Quint prit la couronne d'Espagne et d'Allemagne dans ses mains , en l'année 1524.

L'ESCLAVE ESPAGNOL.

LA PARISIENNE.

Sur l'Air : On nous disait : Soyez esclaves.

Gonzalve de Cordoue
Fut un capitaine bien grand,
Les fers espagnols dénoue,
Servit sous Ferdinand.
Il s'empara de Grenade,
L'amant de Zulema,
Avec sa canonnade
Le Musulman chassa.
Ce fut un capitaine
Fameux, je suis son partisan,
Qui l'ennemi enchaîne;
C'est la terreur du Musulman,
Gonzalve il se nomme.
Ce beau vainqueur,
C'est un grand homme,
Que j'aime du cœur.
Il dormait l'esclave
De ce pays dit Espagnol;
Il écumait de la lave,

Le conquérant il y brave,
Rugit, tel le lion en brave,
Des Asturies le sol ;
Gonzalve il plonge
Son glaive sans pareil ?
Chez le Maure l'Arabe le replonge :
Il luit à de l'Espagne le soleil.
Je chante don Rodrigue,
Surnommé le Cid.
L'encens qu'on lui prodigue,
Vint à Madrid,
Chez le féroce Maure
Il porta ses pas ;
Il y tua un centaure ;
Le Cid vit le trépas.
Amoureux de Chimène,
D'elle il en est épris ;
A ses pieds elle l'amène.
D'elle je n'en suis pas surpris;
Chimène est sa promise ;
Le Cid en est amoureux ;
Son ame est éprise
Des combats chaleureux.
Il part pour l'Afrique,
Les colonnes d'Hercule dépassa,
Par sa force athlétique
Des Africains ramena.
Le Cid, c'est Hercule,

Tel lui il est glorieux,
Devant l'ennemi il ne recule ;
Le Cid a de nobles aïeux.

FIN.